조지 뮬러의
당신은 진짜 하나님을 신뢰하는가?

국립중앙도서관 출판예정도서목록(CIP)

(조지 뮬러의) 당신은 진짜 하나님을 신뢰하는가? / 지은이: 조지 뮬러 ; 옮긴이: 이종수. -- 제2판. -- [서울] : 형제들의집, 2017
   p. ;   cm

원표제: God can be trusted : valuable counsel on God's faithfulness
원저자명: George Muller
권말부록: 조지 뮬러 영성의 비밀
영어 원작을 한국어로 번역
ISBN 978-89-93141-87-0 03230 : ₩5500

기독교 신앙 생활[基督敎信仰生活]

234.8-KDC6
248.4-DDC23   CIP2017002995

조지 뮬러의
당신은 진짜 하나님을 신뢰하는가?

하나님의 신실하심에 대한 값진 교훈

조지 뮬러 지음 | 이종수 옮김

형제들의 집

God Can Be Trusted

Valuable Counsel on God's Faithfulness

George Muller

Christian Focus Publications Ltd.

차례

제 1장 여수룬의 하나님 ······························ 11

오직 믿음으로 의롭다 함을 받음 | 은혜를 인하여 믿음으로 말미암는 구원

영광스러운 복음 | 우리의 분깃이신 주님 | 우리의 힘이신 주님

우리의 구원자이신 주님 | 힘든 상황이나 환경 |

영원토록 변함이 없으신 하나님 | 기독교에 대한 잘못된 생각 |

하나님이 정말 원하시는 것 | 넉넉히 이김 |

하나님이 자기 자녀들에게 베푸시는 큰 능력 |

예수의 흔적을 가진 사람으로 살라 | 당신은 진정 행복한 그리스도인인가?

제 2장 응답받는 기도의 비결 ······················ 49

제한된 사탄의 능력 | 기도에 대한 응답을 기대하라 |

기도를 응답하시는 하나님의 방식 | 하나님의 변함없는 능력 |

하나님이 베푸신 기적적인 역사 |

응답이 올 것을 기대하면서 끝까지 기도하라

부록 조지 뮬러 영성의 비밀 ······················ 73
"영혼을 먼저 살찌우라"

나의 목표는 하나님의 영광을 드높이는 것이었다. 나는 단지 기도와 믿음이라는 도구를 통해, 하나님이 4천년전과 마찬가지로 여전히 살아계신 하나님이라는 것을 나타냄으로써 하나님께 무관심한 세상에 하나님의 역사의 실체를 보여주고 싶었다.

- 조지 뮬러

"여수룬이여 하나님 같은 자 없도다 그가 너를 도우시려고 하늘을 타시고 궁창에서 위엄을 나타내시는도다 영원하신 하나님이 너의 처소가 되시니 그 영원하신 팔이 네 아래 있도다 그가 네 앞에서 대적을 쫓으시며 멸하라 하시도다 이스라엘이 안전히 거하며 야곱의 샘은 곡식과 새 포도주의 땅에 홀로 있나니 곧 그의 하늘이 이슬을 내리는 곳에로다 이스라엘이여 너는 행복자로다 여호와의 구원을 너같이 얻은 백성이 누구뇨 그는 너를 돕는 방패시요 너의 영광의 칼이시로다 네 대적이 네게 복종하리니 네가 그들의 높은 곳을 밟으리로다"(신 33:26-29)

제 1장

여수룬의 하나님

"여수룬이여 하나님 같은 자 없도다 그가 너를 도우시려고 하늘을 타시고 궁창에서 위엄을 나타내시는도다"

 이 성경 구절은 하나님의 사람 모세가 죽기 전에 이스라엘의 여러 지파들에게 베푼 축복 가운데 일부분이다. 각각의 지파들을 향해서 축복한 후, 이제 여수룬을 향해서도 축복의 말을 하고 있다. 이스라엘의 각 지파들에게 베푼 축복의 말은 성령의 감동하심을 받은 선지자, 곧 모세에 의해서 예언적으로 한 것이다. 성령님은 앞에서 베푼 모든 축복들을 요약하는 뜻에서 "여수룬의 하나님 같은 분은 없다(There is none like unto the God of Jeshurun: 영어성경 참조)"는 말로 시작한다.

오직 믿음으로 의롭다 함을 받음

여수룬이란 말은 "의(義)" 또는 "의로운 자"라는 뜻이다. 이 여수룬은 이스라엘 민족에게 주어진 이름 가운데 하나이다. 목이 곧은 백성들이며, 자기 하나님을 향해 반역하고 또 대적했으며, 수를 셀 수도 없이 하나님께 죄를 지은 그들을 향해 성령님은 의로운 자라는 이름으로 부른다는 것이 이상하지 않은가? 그들이 비록 목이 곧고 불순종하기를 밥 먹듯이 했지만 그럼에도 여기서 그들은 "의로운 백성"이라고 불린다. 이러한 백성들을 향해서 거룩하신 하나님은 그들을 의롭다고 하신다.

마찬가지로 우리 자신에 대해서 생각해보자. 우리는 본질상 죄인이며 그것도 아주 큰 죄인이다. 그 뿐 아니라 우리는 형벌 받아 마땅한 자들이며, 정말 심판 밖에는 해당되는 것이 없는 자들이다. 하지만 우리가 불쌍한 죄인으로서 주 예수 그리스도를 믿고자 나아온 순간, 하나님은 우리를 의롭다고 선언하신다. 우리는 "다른 이들과 같이 본질상 진노의 자녀"였지만, 주 예수 그리스도를 믿음으로써 우리는 용납되었고, 중생하게 되었다. 즉 거듭났다. 진노의 자녀에서 하나님의 자녀가 된 것이다. 우리는 어둠 속에서 나와서 하나님의 기이한 빛 안으로 들어왔다. 우리는 흑암의 권세에서 건짐을 받았고, 하나님의 사랑의 아들의 나라로 옮겨졌다(골 1:13). 이제 우리는 하늘 가는 길에 있으며 밝고 빛나는 아버지 집을 향해 걷고 있다.

은혜를 인하여 믿음으로 말미암는 구원

 주 예수 그리스도를 믿는 믿음을 통해서, 복음이 가지고 있는 모든 축복이 우리의 것이 되었다. 두려움은 사라지고 심판은 물러갔다. 대신에 우리는 즉각적으로 하나님의 자녀가 되었다.

 믿음이 우리 마음에 임한 순간, 즉시 우리는 죄사함을 받았고, 그리스도 예수 안에서 살리심을 받았다. 그리하여 우리는 "흑암의 권세에서 건져내사 그의 사랑의 아들의 나라로 옮겨졌다." 이 일은 오직 주 예수 그리스도를 믿는 믿음을 통해서 된 일이다.

영광스러운 복음

우리가 장차 하나님의 아들들로 불리게 될 것을 생각할 때, 이 얼마나 영광스러운 복음인가! 우리 자신을 들여다보면, 그처럼 존귀와 명예를 받을 만한 것을 전혀 찾아 볼 수 없다. 우리에게 의로움이란 전혀 없다. 하지만 우리는 의인으로 불려진다. 우리는 주 예수 그리스도와 연합되었고, 따라서 믿음에 의해서 그리스도의 완전한 의(義)에 동참하고 있다.

이스라엘 백성들의 복된 위치는 "여수룬의 하나님 같은 분은 없다"는 말에 의해서 표현되고 있다. 그들의 하나님과 같은 신은 없다. 이방인들은 실상은 죽은 우상을 자신들의 신으로 섬겼지만, 이스라엘 백성들은 살아 계신 하나님을 자기 하나님으로 모신 사람들이었다.

우리의 분깃이신 주님

 우리가 가진 분깃은 이것이다. 즉 우리는 우리 주 예수 그리스도의 하나님과 아버지를 우리의 하나님과 아버지로 모시고 있다. 우리는 살아 계신 하나님을 내 편으로 삼고 있다. 즉 우리는 하나님을 우리의 하나님, 우리의 보호자, 우리의 아버지, 그리고 우리의 친구로 모시고 있다. 이 모든 것이 다만 주 예수 그리스도를 믿는 믿음을 통해서 주어졌다는 것이다.

 우리는 공허하게 하나님을 우리의 하나님이라고 말할 수 있고, 하나님에 대한 책을 읽을 수도 있으며, 하나님에 대한 성경의 기록을 설명할 수도 있다. 심지어 우리는 하나님에 대해 글을 쓸 수도 있고 하나님의 이름으로 설교도 할 수 있을지 모른다.

 그렇지만 실제로 주 예수 그리스도를 믿고 또 우리 영혼의 구원을 위해서 그리스도를 구주로 영접한 일이 없다면, 결단코 살아 계신 하나님을 우리의 아버지로 경험하지 못한다.

 우리가 정말 예수님을 나의 구주로 영접했다면, 그렇다면 하나님은 나의 아버지가 되고, 이스라엘 백성들이 소유했던 축복들을 동일하게 소유하고 누릴 수 있게 된다. 우리도 "여수룬의 하나님 같은 분은 없다."고 말할 수 있게 되는 것이다.

우리의 힘이신 주님

 게다가 이러한 복을 받은 사람들에게 성경은 하나님이 "너를 도우시려고 하늘을 타시고 궁창에서 위엄을 나타내신다"고 말한다. "너를 도우시려고 하늘을 타신다"는 표현을 보라. 이 위대한 시인이 이러한 표현을 성령님의 감동을 통해서 영감을 받은 것이 아니라면, 어떻게 이러한 생각을 마음에 할 수 있었겠는가? 모든 성경은 하나님의 감동으로 된 것이다. 게다가 성경에 기록된, 우리 무릎을 탁 칠만큼 탁월한 시적인 표현들과 그 안에 담긴 최고 최상의 생각들은 다 성령님의 감동을 통해서 영감을 받은 것이다. 여기에 나타난 개념은 분명 하나님을 저지할 만한 사람은 아무도 없다는 것이다. 이 세상에서 하나님을 대적할만한 권세를 가진 자는 하나도 없다. 이 세상의 권세자들, 즉 하늘 아래에 있는 모든 것들이 하나님 앞에선 아무 것도 아니다. 하나님은 창조주이시다. 세상의 모든 것들은 다 그분의 피조물이며, 모든 것 위에 계신 하나님을 대적하지 못한다.

우리의 구원자이신 주님

 이제 우리에게 위로가 되는 것은 우리가 그러한 하나님, 즉 하늘에 계시며 하늘을 타시는 하나님을 우리를 돕는 자로 모시고 있다는 것이다. 하나님은 우리를 대신해서 싸우신다. 하나님은 만물 위에 계시기 때문에, 사탄과 모든 악한 존재들이 미치지 못하는 곳에 계신다. 아무도 하나님과 싸워 이길 자가 없다. 하나님은 자연 또는 물질 영역 위에 계시기 때문에, 그것들이 하나님을 이길 수 없다. 그 어느 피조물도 모든 만물의 주인이신 하나님을 거역할 수 없다. 그러한 하나님이 나의 편이 되신다. 그러한 하나님이 우리를 위하신다. "만일 하나님이 우리를 위하시면 누가 우리를 대적하리요?"(롬 8:31) 하나님이 우리 편에 계시면 모든 일이 하나님의 선하신 뜻 가운데서 형통해진다.

하지만 만일 그러한 하나님이 우리를 대적하신다면 그 무엇이 나를 위로해줄 수 있단 말인가?

하지만 우리가 거듭남을 통해서 주 안에 있다면 우리는 절대적인 안전 가운데 있게 된다.

이 책을 읽고 있는 독자 가운데 아직 하나님을 자기 편으로 삼지 않은 분이 있다면, 주 예수 그리스도를 자신의 구주와 주님으로 믿은 적이 없다면, 이제라도 하나님과 화평하고 하나님과 화목하라고 말하고 싶다. 만일 그렇게 한다면 당신은 안전할 것이며, "하나님은 당신을 돕기 위하여 하늘을 타신다"는 말씀이 당신에게도 해당될 것이다.

이를 위해서 우리가 반드시 해야 하는 일이 있다. 그것은 다른 것이 아니라 그저 우리 자신의 연약함, 무기력, 절망감을 부여잡고 지금 그대로의 모습으로, 다만 하나님의 품에 안기며 "나의 아버지, 저는 당신의 자녀입니다. 가련하고 불쌍하고 연약한 자녀입니다. 당신께 나아가오니 도와주소서"라고 말하면 된다.

그렇다면 하늘을 타시는 하나님은 무엇을 하시는가? 확신하건대, 하나님은 거듭났지만 여전히 가련하고 약한 자기 자녀들을 도우실 것이다. 그들의 필요가 무엇이든지, 하나님의 영원하신 팔이 그들을 두르고 있으며 하나님이 원수들을 쫓아내시고 그 원수들을 완전히 파멸시키시는 것을 보게 될 것이다.

힘든 상황이나 환경

이스라엘 백성들에게 이 축복이 베풀어질 때는 아직 그들이 약속의 땅에 들어가기 전이었음을 기억하라. 게다가 그들이 요단을 건넌다면 가나안에는 그들이 정복해야 할 강력한 일곱 족속들이 기다리고 있었다. 따라서 그러한 때에 그들은 살아 계신 하나님의 도움을 절실히 필요로 했다. 하지만 그들은 다만 자신들을 도우시는 하나님을 소유하고 있다는 사실을 상기하기만 하면 되는 복 있는 백성들이었다.

이것은 우리에게도 마찬가지이다. 우리 또한 하나님의 약속의 자녀들이다. 우리도 반드시 치러야 할 많은 영적 싸움이 있다. 따라서 이러한 말씀들은 우리에게 실제적인 위로가 된다. 하나님, 살아 계신 하나님이 우리를 두르고 보호하는 우리의 처소가 되어주신다. 따라서 오늘날에도 성령의 감동을 받은 선지자가 있다면, 그는 이렇게 말할 것이다.

"사실 여러분 앞에는 싸워 이겨야 할 크고 두려운 원수들이 있습니다. 하지만 두려워 말고 앞으로 나아가십시오. 그리고 하나님이 당신의 편에 서서 당신을 도우실 것이란 사실만 기억하십시오. 당신 자신을 온전히 하나님께 맡기고, 하나님을 바라보고, 하나님을 신뢰하고, 또 하나님을 의지하십시오. 그러면 하나님이 자신의 권능의 팔로 당신을 도우시는 것을 볼 수 있을 것입니다."

하나님이 우리로 하여금 기억하게 하시고 또 용기를 갖도록 하시는 것은 영원하신 하나님이 우리의 피난처가 되신다는 사실이다. 그러므로 우리 각자는 "정말 하나님이, 게다가 영원하시고 살아 계신 하나님이 나의 도움이신가?"라고 물어야 한다.

 나 자신에 대해서 말하자면, 나는 정말 하나님이 유일하신 나의 처소가 되신다는 것을, 지난 50년 동안 그 사실을 경험해오고 있다고 말할 수 있다. 당신도 그렇게 말할 수 있는가? 이처럼 중차대한 질문에 대해서 스스로 대답해보기 바란다. 당신 자신에 대해서도 나와 같이 말할 수 있다면, 당신은 정말 행복한 사람이다. 하지만 그렇게 말할 수 없다면, 당신에겐 그렇게 말하지 못할 이유가 없다는 것을 알아야 한다. 필요한 것은 다만 주 예수 그리스도를 믿는 것과 오직 당신 자신을 전적으로 그분의 손에 맡기는 것 뿐이다. 당신이 만일 주 예수 그리스도를 당신 영혼의 구원자로 믿고 의지한다면, 이 모든 복이 당신의 것이 된다. 이 사실이 나에게 참된 것 같이, 나와 같이 가련하고 불쌍한 죄인인 수많은 사람들에게 있어서도 참되다. 이제 주 예수님을 믿는 사람에게 하나님은 그를 도우려고 하늘을 타시는 하나님이 되어 주실 것이며, 그래서 당신의 하나님과 같은 분은 없다고 한 그 복됨이 당신에게도 이루어질 것이다.

영원토록 변함이 없으신 하나님

"영원하신 하나님이 너의 처소가 되시니 그 영원하신 팔이 네 아래 있도다"

게다가 이 구절은 "영원하신 하나님이 너의 처소가 되시니 그 영원하신 팔이 네 아래 있도다"고 말한다. 이 구절이 내게 주는 매우 달콤한 생각은 모든 능력과 권능을 가지신 하나님이 나에게 영원하신 친구, 영원토록 살아 계신 친구, 그리고 모든 만물 위에 계신 친구가 되어 주시며, 또한 나의 편이 되어 주신다는 것이다.

이 세상에서도 내가 어려움을 겪고 있을 때 나를 기꺼이 도와 줄 친구가 있다면 얼마나 좋은가? 하지만 세상에 있는 친구는, 질병이 찾아오거나 죽음이 찾아온다면 더 이상 당신을 도울 수 없다. 그렇진 않을지라도, 전 재산을 잃어버려서 전처럼 당신을 도울 수 없게 될 수도 있다. 하지만 살아 계신 하나님께는 이러한 일들이 아무런 영향을 줄 수 없다. 이런 점에서 하나님은 어제나 오늘이나 영원토록 동일하시다.

그러므로 영원하신 하나님을 당신의 처소로 삼아라.

50년 전의 하나님은 지금도 여전히 동일한 하나님이시다. 천년 전의 하나님이나 수천년 전의 하나님이나 지금도 변함없이 동일하시다.

엘리야의 하나님은 오늘날에도 여기 계신다. 선지자 시대의 하나님이나 지금 시대의 하나님이나 똑 같다. 그때나 지금이나 하나님은 자기 자녀들을 기꺼이 돕기 위해서 기다리신다. 그 살아 계신 하나님이 우리와 함께 하신다. 그분의 능력은 결코 약해지지 않는다. 그분의 팔은 결코 지치지 않는다. 그분의 지혜는 여전히 무한하다. 그분의 권능은 변함이 없다. 그러므로 오늘도 내일도 다음 달에도, 우리의 삶이 계속되는 한, 하나님은 우리를 도우시며 또한 친구가 되어주실 것이다.

 이 사실은 이 세상의 시간에서 뿐 아니라 저 세상의 시간에서도 여전할 것이다. 오 영원하신 하나님을 자기 편으로 삼은 사람의 행복이여! 그러므로 이제 우리는 하나님을 우리 편으로 삼을 뿐만 아니라 또한 하나님을 능력의 요새로 삼아, 그 안에서 영구히 안전한 피난처를 얻고, 완전한 안전감을 누릴 수 있다.

기독교에 대한 잘못된 생각

 만일 세상이 하나님을 자신의 피난처로 삼는 축복을 알기만 한다면, 온 세상은 즉각적으로 주님을 추구하게 될 것이다. 하지만 세상은 그리스도인이 되는 것을 끔찍한 일 당하는 것처럼 생각한다. 그리고 하나님 없이 지내는 것보다 그리스도인이 되는 것이 얼마나 더 좋은지 모르기 때문에, 그들은 구원받지 못한 채로 지내고 있다. 이것이 바로 그들이 하나님의 축복을 구하지 않는 주요한 이유이다. 이런 이유

때문에 당신과 나는 참으로 행복한 그리스도인이 되는 것이 무엇인지 세상에 보여줄 수 있는 탁월한 영성을 가진 그리스도인이 되는 것을 우리 삶의 목표로 삼아야 하며, 동시에 교회는 세상 보다 우월한 존재로 우뚝 서야 하는 것이다.

이러한 영성이 주는 참되고 실제적인 기쁨은 우리가 탁월한 영성을 가진 그리스도인이 되지 않는 한, 결코 맛볼 수 없다. 거기에는 세상의 것들을 포기할 수 있는 믿음과 항상 하늘에 속한 것을 추구하는 영성이 구비되어야 한다. 이러한 신앙으로 무장되지 않는다면, 우리는 우리 자신을 늘 비참한 상태에 빠뜨리는 그저 그런 종교를 가진 것으로 만족한 채 살아야 할지도 모른다. 그렇게 된다면 당신이 진정 거듭난 그리스도인일지라도 전혀 행복감 없는 종교 생활만 하게 될 것이다.

하나님이 정말 원하시는 것

정말 하나님이 원하시는 것은 우리가 행복한 그리스도인이 되는 것이다. 그리고 이렇게 되려면 우리가 거룩한 그리스도인이 되는 길 밖에는 없다. 물론 우리는 이 세상에서 죄와 상관없이 살 수 있는 자유를 얻지 못할 뿐만 아니라, 죄를 전혀 짓지 않는 상태에 이를 수도 없다. 우리가 하늘 본향에 이를 때까지 이 일은 불가능하다. 그럼에도 우리는 거룩한 자녀가 되기를 추구해야 한다. 우리가 하나님의 뜻에 위배된다고 알고 있는 것을 계속 행해서는 안 된다. 그렇게 우리가 정말 탁월한 영성을 지닌 그리스도인이 된다면, 영원토록 살아 계신 하나님만을 의지하는 사람이 된다면, 그 결과 우리는 행복한 그리스도인으로 나타날 것이며, 그리스도 밖에 있는 세상 사람들에게 본보기가 되는 간증을 지닌 사람으로 나타날 것이다.

 이러한 일은 결과적으로 세상 사람들로 하여금 주님을 추구하도록 도전과 자극을 줄 것이다. 그렇게 하면 당신도 이름뿐인 수천 명의 그리스도인들에게서 나와, 이제는 살아 계신 하나님을 자신의 삶으로써 증거하는 수천의 산 증인들의 무리 속으로 들어가게 될 것이다. 그러므로 나의 사랑하는 형제와 자매들이여, 진정 마음 중심으로 탁월한 영성을 가진 그리스도인이 되기를 사모하라. 그러기 위해서 진정 "영원하신 하나님이 너의 처소가 되신다"라는 말씀을 부여잡으라.

 나 또한 약하고 잘못을 저지르는 죄인이지만, 나의 우편에는 살아 계신 하나님이 계시고, 영원하신 하나님이 나의 처소가 되신다. 오, 이러한 처소를 소유한 사람의 복됨이여! 과연 이 세상에서 이런 존귀과 명예에 비길 수 있는 것이 무엇인가? 이 보다 더 존엄한 것이 있겠는가? 살아 계시고 영원하신 하나님을 내 편으로 삼고, 또 하나님을 나의 처소로 삼을 수 있는 복됨과 감히 비교할 만큼 영광스러운 면류관이 이 세상에 어디 있는가?

 바로 이러한 것들이 하나님의 자녀가 가지고 있는 높은 신분이다. 이러한 것들은 사람이 품을 수 있는 모든 생각 위에 있다. 그 누가 나를 돕기 위해서 전능하신 하나님의 능력이 나와 함께 하는 것과 또한 "그 영원하신 팔이 네 아래 있도다"라는 생각을 할 수 있단 말인가? 비록 당신과 나는 약하고 실수 투성이이고 또 본질상 연약하기만 해서, 할 수 있는 것이라곤 아무 것도 없는 존재일 뿐이지만, "그 영원하신 팔이 네 아래 있도다"라는 생각을 하면 얼마나 큰 위로가 되는지 모른다! 그렇다. 우리에게는 우리를 굳게 붙들어 주시는 영원하신 하나님의 팔이 있다. 비록 우리는 약하지만 우리를 굳게 붙들어 줄 뿐만 아니라 우리로 굳건히 설 수 있게 해주는 강력한 팔이 있다. 이 팔은 우리 앞에 놓여 있는 온갖 어려움(난관)과 우리를 기다리고 있는 온갖 시련들을 뚫고 나갈 수 있도록 돕는 팔이다. 우리의 연약함에도 불구하고 그 모든 시련을 견딜 수 있도록 붙들어 주는 팔이며, 또한 그 모든 난관을 헤쳐 나갈 수 있도록 이끌어 주는 팔이다. "영원하신 하나님이 너의 처소가 되시니 그 영원하신 팔이 네 아래 있도다"라는 구절 속에 담긴 축복을 (경험적으로) 아는 사람은 진정 복이 있다.

넉넉히 이김

"그가 네 앞에서 대적을 쫓으시며 멸하라 하시도다"

이 말씀은 이스라엘 백성들에게 주어진 얼마나 복된 약속인가! 그들 앞에는 건너야 할 요단강이 있었다. 심지어 그들이 요단강을 건너갈지라도, 그들이 상대해야 할 크고 강한 열국이 있었다. 자신의 모습을 바라보면 초라한 모습에 겁에 질릴 것이 뻔했다. 하지만 이스라엘 백성들은 그럴 필요가 없었다. 왜냐하면 영원하신 팔이 그들 아래 있었기 때문이다. 더욱 큰 힘이 되는 것은, 여호와 하나님이 분명히 이들 가나안 일곱 족속에 대해서 내가 "네 앞에서 대적을 쫓으며 멸하리라"고 약속의 말씀을 주신 것이다.

이스라엘 백성들이 가나안 땅에 들어간 것을 보라. 그리고 그 일이 어떻게 이루어졌는가를 보라. 요단강을 건넌 것을 보라. 여리고 성벽이 어떻게 무너졌는가를 보라. 그들이 벌였던 대적들과의 싸움을 보라. 가나안 족속들이 이스라엘과 전쟁하기 위해 연합군을 형성했지만, 그들이 얼마나 쉽게 패했는지를 보라. 이는 여호와 하나님이 이스라엘 백성들의 편이 되어 주셨기 때문이다. 마침내 모든 대적들이 쫓겨나며 멸망을 당했다. 이스라엘은 여호와 하나님의 권능으로 승리를 만끽할 수 있었다.

이제 이 사실을 우리 자신에게 적용해보자. 우리는 그저 연약한 무리에 불과하고 또 우리가 상대할 대적은 너무도 크고 강하다.

> "우리는 이같이 크고 강한 군대와 싸울 힘이 없습니다. 따라서 우리가 처한 이처럼 아무 소망 없는 상황을 볼 때, 우리는 결코 영적 전쟁을 감당할 수 없습니다. 우리는 너무도 약하고 볼품없고 죄악으로 가득할 뿐입니다."

물론 우리는 너무 약하고 우리 자신에겐 아무 소망이 없기 때문에 우리를 대적하는 원수와 싸워 이길 수 없다는 것은 사실이다. 하지만 대적의 숫자가 아무리 많을지라도, 그래서 우리 힘으로 그들을 대적한다면 우리는 쉽게 패할 것이 뻔하지만, 우리를 도우시는 하나님은 그들보다 더 강하시다는 것을 알아야 한다. 여호와 하나님이 이스라엘 백성들을 구원하셨듯이 우리를 구원하실 것이다. 하나님은 우리 앞에서 대적들을 쫓아 내시며 멸하신다는 약속을 이루실 것이다. 대적이 아무리 강력한 힘과 능력을 가지고 있을지라도, 그리고 항상 대적이 승리하는 것 같이 보일지라도, 그들은 결코 우리를 이길 수 없다. 우리 속에 있는 부패한

본성도 결코 우리를 넘어뜨릴 수 없다. 주 예수 그리스도를 통하여 우리는 결국 승리할 것이며, 넉넉히 이기는 자들로 나타날 것이다.

 그러므로 참으로 복된 일은 우리 앞에는 최종적인 승리가 보장되어 있다는 것이다! 만일 우리가 우리 자신을 바라본다면 낙심하고 실망스러운 것들만 가득할 것이다. 따라서 우리는 우리 주 예수 그리스도로 말미암아 이김을 주신다는 말씀을 결코 잊어서는 안된다(고전 15:57). 왜냐하면 우리 안에 계신 이가 세상에 있는 이보다 크시기 때문이다(요일 4:4). 따라서 이 모든 일에 우리를 사랑하시는 이로 말미암아 우리는 넉넉히 이길 것이다(롬 8:37). 하나님 아버지와 우리 주 예수 그리스도의 은혜와 도우심을 통해서 우리는 최종적으로 승리할 것이다.

하나님이 자기 자녀들에게 베푸시는 큰 능력

 대적을 멸하실 것이란 이스라엘 백성들에 대한 약속은 문자적으로 이루어졌지만, 그 일은 그들의 힘으로 된 일이 아니었다. 그 일은 전적으로 하나님의 힘으로 된 일이었다. 그후에도 하나님은 이스라엘 백성들을 대신해서 여러 차례 대적들을 멸하셨다. 그 사실을 기억하라. 여호수아의 기도에 대한 응답으로 어떻게 태양이 하늘에 머물렀는지를 보라. 하늘에 있는 천체들이 그들을 어떻게 도왔는지를 보라. 하늘에서 우박이 내려 어떻게 대적들을 멸하였는지를 보라. 말벌과 같은 곤충들조차도 대적을 멸하는데 하나님이 쓰시는 도구였다. 다양한 방법으로 하나님은 그들을 위해서 싸우셨으며, 자기 백성들로 가나안 땅을 정복하여 기업으로 삼도록 하는 일에 앞장서서 자신의 능력을 나타내셨다.

 마찬가지로 우리도 스스로 할 수 있는 일이 아무 것도 없고, 오직 연약한 것 외에는 자랑할 것이 없다. 그렇지만 하나님은 한 번 두 번 구원의 팔을 뻗치신다. 이 세상에서 사는 동안, 대적의 능력에서 벗어날 수는 없지만, 그럼에도 우리는 항상 우리 하나님의 도우심을 받는다.

"이스라엘이 안전히 거하며"

게다가 성경은 "이스라엘이 (따로) 안전히 거하며(Israel then shall dwell in safety alone)"라고 말한다. 이 말씀에서 "따로(alone)"라는 말에 주목하기를 바란다. 이 말은 "분리(separation)"의 의미를 내포하고 있다. 따로 분리된 상태에서 안전함을 누리는 모습을 상징적으로 보여준다. 이스라엘 민족은 이방 사람들로부터 따로 분리되어 나온 상태에서 안전히 거했다는 의미이다. 안전은 전적으로 그들이 따로 분리된 곳에 거처를 삼는 것에 달려 있었다. 안전은 다른 열국들로부터 전적으로 구별되고 분리되는데 달려 있었다. 이것은 이스라엘 백성들이 가나안 족속들과는 따로 떨어져서 분리된 위치에 있었어야 함을 보여준다. 그렇게 할 때, 그들의 안전이 보장되었다. 하나님은 자기 백성들을 세상으로부터 분리되도록 하셨고, 이방인과는 결혼을 해서는 안될 뿐만 아니라 어떠한 형태로도 서로 교제를 하지 말도록 명령하셨다. 이스라엘 민족은 반드시 주변 열국을 멸할 뿐만 아니라 그들과는 분리된 상태를 유지해야 했다.

 그러므로 나의 사랑하는 형제들이여, 여러분이 하나님의 마음에 합한 사람으로서 행하고자 한다면 세상에서 나와 구별된 삶을 살아야 한다. 세상과의 분리가 필요하다. 하지만 우리는 인정상 세상과의 경계선을 긋지 못하고 이렇게 말하기 일쑤이다.

> "그건 너무 엄격합니다. 너무 별난 것 아녜요. 왜 그처럼 세상과 담을 쌓아야 한단 말입니까? 세상도 조금 즐길 줄 알고, 이쪽 저쪽 세상도 빠삭하게 아는 유능한 크리스찬도 많잖아요. 세상과 적당히 어울려도 천국만 가면 되는거 아닌가요?"

나의 사랑하는 그리스도인 친구들이여, "따로"란 구절에 밑줄을 긋기 바란다. 주님이 우리에게 명령하신 것은 세상으로부터 분리되어 살라는 것이다.

물론 우리가 하는 일(교회 사역이든 직장 일이든)은 세상에서 이루어진다. 우리는 세상을 떠나서 살 수는 없다. 하지만 세상의 정신에 빠져서는 안된다. 또 세상의 정신으로 살아서도 안된다. 우리가 하는 모든 일을 다 하나님의 영광을 위해서 하고, 모든 일을 주님 앞에서 하듯 하는 일은 얼마든지 가능하다. 하나님은 우리가 구원 받는 즉시 세상에서 데려가는 것을 택하지 않으셨다. 그래서 예수님은 우리를 위해서 "내가 비옵는 것은 저희를 세상에서 데려가시기를 위함이 아니요 오직 악에 빠지지 않게 보전하시기를 위함이니이다"(요 17:15)고 기도하셨다. 또한 사도 바울도 "너희는 저희 중에서 나와서 따로 있고"(고전 6:17)라고 말했다.

 따라서 우리가 진정 하나님과의 친밀한 사귐을 나누고자 한다면, 우리는 반드시 세상과 분리된 삶을 살아야 하며, 세상과 교회 사이의 경계선을 지켜야 한다. 우리가 이렇게 할 때 우리는 하나님께 찬송과 존귀와 영광이 될 것이다. 만일 우리가 세상의 방식대로 산다면, 또는 세상의 기준대로 행한다면 우리는 결코 이러한 것들을 경험할 수 없다.

 거룩히 구별된 삶을 살지 않는다면, 우리는 하나님의 이름을 욕되게 할 뿐만 아니라 우리 자신에게도 비참한 일이 따를 것이다.

사랑하는 그리스도인 친구들이여, 세상에 저항할 수 있는 영성을 키우고, 세상적인 습관, 세상적인 처세술과 세상의 정신에서 따로 분리되어 살 수 있는 믿음의 용기를 키우라. 많은 사람들이 선택하는 세상의 넓은 문으로 가지 말고, 도리어 세상과는 다른 길, 즉 우리 주 예수 그리스도의 길을 가라.

예수의 흔적을 가진 사람으로 살라

세상 사람들이 우리를 보고 주 예수 그리스도의 종임을 알 수 있어야 한다. 우리는 우리의 복되신 주님을 닮아야 한다. 주님은 서기관이나 바리새인들과 같지 않으셨다. 오히려 주님은 그들의 외식됨을 책망하셨다. 주님은 "내가 내 아버지 집에 있어야 될 줄을 알지 못하셨나이까?(I must be about my Father's business)"고 말씀하셨다. 이 말은 주님이 아버지 하나님의 일에 힘쓰는 것을 자신의 큰 목표로 삼으셨다는 뜻이다. 우리도 주님과 같은 목적의식을 가지고 살아야 한다. 우리는 이 세상에 살면서 어쩔 수 없이, 어느 정도는 세상과 더불어 삶을 살고 또 사업을 해야 하지만, 그럼에도 우리는 할 수만 있다면, 매순간, 매일같이 세상과는 분리되어 성별된 삶을 살고자 해야 한다. 이렇게 할 때에만, 우리는 우리의 삶을 통해서 주님께 영광과 존귀와 찬송을 올려드릴 수 있는 풍성한 열매를 맺게 된다.

나는 진정으로 그리고 간곡히 나의 사랑하는 형제자매들에게 청한다. 여러분은 진정 그리스도의 제자로, 탁월한 영성을 가진 그리스도인으로, 사랑받는 하나님의 자녀로 살고 싶은가? 이 사실을 기억하라. 하나님이 찾으시고, 또 주 예수님이 진정 바라시는 하나님의 사람은, 바로 기꺼이 하나님만을 위해서 살고자 하는 사람이다. 그러한 하나님의 사람, 그러한 그리스도의 제자의 삶을 사는 사람만이 진정 이 시대에 필요한 사람이기 때문이다.

세상의 눈은 우리를 향해 있다. 과연 우리가 우리 입술의 고백대로 사는가를 지켜보고 있다. 세상은 진정 우리가 그리스도의 길을 가겠노라고 신앙고백을 한 대로 그렇게 살기를 기대하면서 우리를 바라본다. 따라서 우리가 그렇게 살기만 한다면 우리는 진정 하나님께 영광을 돌리는 삶을 살게 될 것이다.

순전한 믿음으로 주님을 위해 산다면 우리는 더욱 더 큰 용기와 담력을 얻게 될 것이다. 하나님은 우리에게 보다 풍성한 은혜를 주시며 또한 때에 맞는 도움을 베푸실 것이다. 우리는 이 모든 일에 우리를 사랑하시는 이로 말미암아 넉넉히 이기는 것을 경험하게 될 것이다. 이것은 "이스라엘이 (따로) 안전히 거하며"라는 말씀처럼 될 때 가능하다. 그 결과로 "야곱의 샘은 곡식과 새 포도주의 땅에 홀로 있나니"와 같이 될 것이다.

"야곱의 샘은 곡식과 새 포도주의 땅에 홀로 있나니"

 야곱의 샘이 곡식과 새 포도주의 땅에 있게 된다는 의미는 풍성한 열매를 맺는 삶을 사는 것을 의미한다. 우리 삶의 터전이 곡식과 포도주로 풍성한 땅의 중심에 있기 때문이다. 여기서 샘(fountain)으로 번역된 히브리어는 눈(eye)이란 말로 번역되기도 한다. 그러므로 야곱의 눈이 곡식과 포도주의 땅을 바라볼 것이란 의미가 된다. 이스라엘 백성들이 들어가 살게 될 땅은 "젖과 꿀이 흐르는 땅"으로서 풍성한 수확을 거두는 땅이었다. 그들이 하나님이 약속하신 땅에 실제로 들어갔을 때, 그들은 정말 풍성하다는 것이 무엇인지를 경험할 수 있었다.

 우리에게도 마찬가지로, 우리가 따로 안전히 거한다면 우리 또한 풍성한 열매를 맺는 땅에 사는 복을 누리게 될 것이다. 우리는 최상의 밀과 보리로 배부를 것이며 풍성한 곡식과 포도주를 누릴 것이며, 주의 일을 할 때에도 힘과 능력과 위로를 넘치도록 받게 될 것이다.

"곧 그의 하늘이 이슬을 내리는 곳에로다"

 우리 또한 영적으로 풍성한 수확의 나라로 들어왔다. 기근, 궁핍, 그리고 가뭄을 모르는 영역으로 들어온 것이다. 그래서 사도 바울은 하나님이 "우리를 흑암의 권세에서 건져내사 그의 사랑의 아들의 나라로 옮기셨으"(골 1:13)며, 게다가 "그리스도 안에서 하늘에 속한 모든 신령한 복으로 우리에게 복"(엡 1:3)을 주셨다고 말했다.

 사실 하나님의 자녀들은 그 심령이 물댄 동산 같겠고(렘

31:12), 그 영혼은 살지고 기름진 것으로 즐거움을 얻으리라는 약속을 받았다. 이 모든 약속이 우리의 것이다. 이것을 생각할 때 우리는 얼마나 행복한 사람들인가!

"이스라엘이여 너는 행복자로다 여호와의 구원을 너같이 얻은 백성이 누구뇨 그는 너를 돕는 방패시요 너의 영광의 칼이시로다 네 대적이 네게 복종하리니 네가 그들의 높은 곳을 밟으리로다."

이 구절은 이스라엘 백성들이 약속의 땅에 들어가기 직전에 받은 말씀이다. "이스라엘이여 너는 행복자로다"라는 구절처럼 이스라엘 백성은 약속의 땅에 들어가기 전에, 이미 행복한 백성들이었다. 비록 그들 앞에 크고 강한 열국이 기다리고 있었지만, 그럼에도 하나님이 그들 가운데 돕는 자로 계신 그들은 참으로 행복자였다. 이것이 문자적으로 이스라엘 민족에게 사실이었듯이, 하나님의 자녀들인 우리에게도 더욱 사실로 다가온다. 주 예수 그리스도를 믿고 있는 당신에게도 이것이 정말 사실인가? 당신도 진정 나는 행복자라고 말할 수 있는가?

나에겐 이것이 진정 사실임을 간증할 수 있다. 비록 나 또한 가련하고 불쌍한 죄인이지만, 나는 매우 행복한 사람이다. 내 나이 거의 70살이 되었지만, 지난 50여년의 그리스도인으로서 삶을 돌아보면 나는 매우 행복한 삶을 살아왔으며 지금도 행복감을 느낀다. 이 사실이 나에게 사실인 것과 같이 당신에게도 사실인가? 그렇지 않다면 그 이유는 무엇인가? 모든 하나님의 자녀들이 행복한 제자로서 삶을 사는 것은 우리 주 예수 그리스도의 뜻이다. 그것을 목표로 삼기 바란다. 거룩하고 행복한 자녀로 사는 삶이 있다. 전적으로 헌신된 그리스도인으로 사는 삶이 있다. 그러면서도 여전히 행복감을 만끽하는 삶이 있다. 우리가 행복해지는 것은 아버지 하나님의 뜻이다.

자신이 행복하지 않다고 느끼는 이유는 무엇인가? 각자가 자신에게 질문해보고 답해 보기 바란다.

"왜 왜 왜 나는 행복한 하나님의 자녀가 아닐까? 왜 나는 행복한 주 예수 그리스도의 제자가 아닌 것인가?"

하나님의 약속의 말씀이 참이고 사실인 것과 같이 우리로 행복하지 못하도록 막는 것은 아무것도 없다. 하나님은 당신이 정말 행복해하는 것을 보고 싶어 하신다. 어쩌면 당신은 "뮬러 형제님, 당신 또한 제가 겪고 있는 시련과 제 어깨에 지고 있는 삶의 무게를 느낀다면 당신은 결코 행복해 할 수 없을 거예요"라고 말하고 싶은지 모르겠다.

이 얼마나 어처구니 없는 말인가! 그리스도인은 모든 환경을 초월해서 행복할 수 있는 사람이다. 비록 세상 사람들은 주변 환경에 따라 영향을 받음으로 매순간마다 행복과 절망을 왔다 갔다 할지 모르지만, 우리 그리스도인은 우리가 처한 환경에 관계없이, 우리가 정말로 하나님을 신뢰하기만 한다면, 그리고 하나님으로 만족하기만 한다면, 정말로 행복할 수가 있다.

나의 사랑하는 그리스도인 친구들이여, 당신의 짐을 당신 혼자 짊어지고 가려하지 말고, 주님께 당신의 짐을 맡겨 버리는 것을 배우라. 모든 것을 주님께 가지고 와서 기도로 아뢰는 것을 배우도록 하라. 당신이 겪고 있는 어떠한 시련이나 어떠한 난관조차도 주님께 다 맡겨 버려라. 그리하면 당신은 주님이 당신을 돕기 위해서 항상 기다리고 계신다는 것을 보게 될 것이며, 마침내 당신도 "내가 처한 어떠한 상황과 상관없이 나는 행복한 사람입니다"라고 말할 수 있게 될 것이다.

혹 자신이 불행하다고 생각된다면 무언가 당신 자신에게 문제가 있는 것이다. 우리가 행복한 사람이 되지 않을 이유란 없기 때문이다. 우리 아버지는 우리를 사랑하시고 우리를 안전하게 인도하신다. 그런 아버지를 모시고 있기 때문에 우리도 우리 자신을 향해 "이스라엘이여 너는 행복자로다 여호와의 구원을 너같이 얻은 백성이 누구뇨 그는 너를 돕는 방패시요 너의 영광의 칼이시로다"라고 큰 소리로 외칠 수 있는 것이다.

이스라엘 백성들은 참으로 행복자였다. 왜냐하면 그들은 살아계신 하나님을 자신의 하나님으로 모시고 있었기 때문이었다. 하나님께서 그들을 어떻게 구원하시고 어떻게 그들을 도우셨는지를 살펴보라. 그들을 애굽에서 구원하신 분은 하나님이셨다. 그들로 홍해를 건너도록 하시고 바로의 군대를 멸하신 분도 하나님이셨다. 40년 동안 광야에서 보호하시고, 하늘에서 양식을 내리시고, 반석에서 물을 내시고, 마침내 약속의 땅으로 그들을 인도하신 분도 하나님이셨다.

당신은 진정 행복한 그리스도인인가?

당신과 나를 세상과 사탄의 권세에서 건지신 분이 바로 그 이스라엘의 하나님이심을 기억하라. 하나님은 공중의 권세 잡은 자의 힘 보다 더 크고 강한 권능으로 우리를 구원하시고, 이 세상의 많은 어려움을 넉넉히 이기며 나아가도록 우리를 매순간 인도해오셨다. 하나님은 우리를 안전하게 저 천국으로 인도하실 때까지 날마다 우리를 인도하고 계신다. 그러므로 주 안에서 행복해 하지 않을 이유가 무엇이란 말인가? 나는 진심으로 당신에게 묻고 싶다. 당신은 진정 행복한 그리스도인인가? 당신이 오로지 주님만을 바라본다면, 당신은 행복한 사람이 될 것이다. 어린아이와 같은 단순한 마음으로 주님을 신뢰하라. 그리하면 주님이 당신을 돕고자 하시며 또한 당신을 축복하고자 곁에 서 계신 것을 보게 될 것이다. 그렇게 되기를 진심으로 빈다. 아멘.

우리가 하나님의 음성을 들으면 하나님께서도 우리의 기도를 들으신다.

- 조지 뮬러

"그 때에 헤롯 왕이 손을 들어 교회 중 몇 사람을 해하려 하여 요한의 형제 야고보를 칼로 죽이니 유대인들이 이 일을 기뻐하는 것을 보고 베드로도 잡으려 할새 때는 무교절일이라 잡으매 옥에 가두어 군사 넷씩인 네 패에게 맡겨 지키고 유월절 후에 백성 앞에 끌어내고자 하더라 이에 베드로는 옥에 갇혔고 교회는 그를 위하여 간절히 하나님께 빌더라 헤롯이 잡아내려고 하는 그 전날 밤에 베드로가 두 군사 틈에서 두 쇠사슬에 매여 누워 자는데 파수꾼들이 문 밖에서 옥을 지키더니 홀연히 주의 사자가 곁에 서매 옥중에 광채가 조요하며 또 베드로의 옆구리를 쳐 깨워 가로되 급히 일어나라 하니 쇠사슬이 그 손에서 벗어지더라 천사가 가로되 띠를 띠고 신을 들메라 하거늘 베드로가 그대로 하니 천사가 또 가로되 겉옷을 입고 따라오라 한 대 베드로가 나와서 따라갈새 천사의 하는 것이 참인 줄 알지 못하고 환상을 보는가 하니라 이에 첫째와 둘째 파수를 지나 성으로 통한 쇠문에 이르니 문이 절로 열리는지라 나와 한 거리를 지나매 천사가 곧 떠나더라 이에 베드로가 정신이 나서 가로되 내가 이제야 참으로 주께서 그의 천사를 보내어 나를 헤롯의 손과 유대 백성의 모든 기대에서 벗어나게 하신 줄 알겠노라 하여 깨닫고 마가라 하는 요한의 어머니 마리아의 집에 가니 여러 사람이 모여 기도하더라 베드로가 대문을 두드린대 로데라 하는 계집아이가 영접하러 나왔다가 베드로의 음성인 줄 알고 기뻐하여 문을 미처 열지 못하고 달려들어가 말하되 베드로가 대문 밖에 섰더라 하니 저희가 말하되 네가 미쳤다 하나 계집아이는 힘써 말하되 참말이라 하니 저희가 말하되 그러면 그의 천사라 하더라 베드로가 문 두드리기를 그치지 아니하니 저희가 문을 열어 베드로를 보고 놀라는지라 베드로가 저희에게 손짓하여 종용하게 하고 주께서 자기를 이끌어 옥에서 나오게 하던 일을 말하고 또 야고보와 형제들에게 이 말을 전하라 하고 떠나 다른 곳으로 가니라"(행 12:1-19)

제 2장

응답받는 기도의 비결

그리스도인 친구들이여, 나는 여러분이 기도하는 일에 더욱 헌신하도록 격려의 말을 하고 싶다. 우리의 기도와 간구에 대해 하나님이 응답해주신다는 사실은 참으로 복된 일이다. 이제 사도행전 12장을 통해서 이에 대한 교훈을 받도록 하자.

"그 때에 헤롯 왕이 손을 들어 교회 중 몇 사람을 해하려 하여 요한의 형제 야고보를 칼로 죽이니"

야고보는 그리스도를 위해 순교한 첫 번째 사도였다. 스데

반은 이미 돌에 맞아 죽음으로 순교했지만, 스데반은 사도가 아니었다.

제한된 사탄의 능력

"유대인들이 이 일을 기뻐하는 것을 보고 베드로도 잡으려 할 새 때는 무교절일이라."

 이제 베드로는 죽음의 문턱에 이른 듯이 보인다. 그리고 그 배후에는 사탄이 있었다. 하지만 주님은 사탄에게 "네가 여기 이상은 넘어서지 못한다"고 말씀하신다. 우리가 기억할 필요가 있는 것은 사탄이 아무리 우리를 미워해서 죽이고 싶어 하지만, 주님이 그에게 주신 한계를 넘어서지 못한다는 사실이다.

 이에 대한 분명한 사례를 우리는 욥기에서 찾아 볼 수 있다. 사탄은 욥을 해하려고 했지만 그렇게 할 수 없었다. 사탄은 심지어 "주께서 그와 그 집과 그 모든 소유물을 산울로 두르심이 아니니이까?" 하고 항의하는 말을 했다. 사탄은 욥을 몹시도 미워했지만 그럼에도 주께서 욥의 사람들과 모든 소유물을 산울로 두르고 계셨기 때문에 해할 수가 없었다. 오직 하나님의 허락하심이 있을 때에만, 산울로 두르고 있는 일이 철회되고, 또 사탄이 욥의 재산에 손을 댈 수 있었던 것이다. 심지어 욥의 사람들도 산울로 둘러 보호를 받고 있었다. 이렇게 보호하는 손길이 거두어질 때에만, 사탄은 욥의 사람들에게도 손을 댈 수가 있었다.

한편으로 사탄은 우리를 능히 해할 수 있을 정도로 심히 강력하지만, 다른 한편으로 우리와 함께 하시는 하나님은 더 강력하시기 때문에, 사탄은 주님의 허락이 없이는 결단코 아무 것도 할 수 있는 일이 없다는 사실을 우리는 잊어서는 안된다.

"잡으매 옥에 가두어 군사 넷씩인 네 패에게 맡겨 지키고"

베드로는 열여섯 명의 군사들이 지키는 감옥에 갇히게 되었다. 베드로를 지키는 일에 군사 네 명씩 네 개조로 팀이 이루어진 것이다. 감옥 내부에 2개의 팀이, 감옥 외부에 2

개의 팀이 배치되어 순찰을 했다. 이 말은 베드로가 탈출하는 일은 절대적으로 불가능했다는 의미이다.

"유월절 후에 백성 앞에 끌어내고자 하더라."

그때는 무교절이었다.

"이에 베드로는 옥에 갇혔고 교회는 그를 위하여 간절히 하나님께 빌더라."

우리는 여기서 교회가 기도할 때 어느 정도로 기도해야 하는지를 엿볼 수 있다. 예루살렘 교회의 성도들은 함께 모여서 기도하는 일에 힘썼는데, 이것은 하나님께 올리는 간절한 기도였다. 흔히 기도회에 모이는 사람들의 숫자는 적다. 하지만 여기 기도회에는 '온 교회'가 모였고 베드로를 위해 '간절히' 하나님께 기도하고 있었다.

그들은 사람을 헤롯에게 보내어 베드로를 석방하라는 청원서를 제출하자고 말하지 않았다. 그들은 그러한 청원서를 보낼 만도 했다. 왜냐하면 예루살렘에는 이미 주 예수 그리스도를 믿는 사람들이 수천 명에 달하고 있었기 때문이다. 예루살렘 교회는 그 당시 얕잡아볼 수 있는 그런 단체가 아니었다. 어쩌면 자신들의 이름을 서명한 청원서를 제출하기만 했더라면 충분히 성공할 수도 있었다. 혹시 청원서가 성공하지 못한다 할지라도 많은 돈을 모금할 수도 있었다. 이미 그들은 기꺼이 자신의 재산을 내놓고 자신들의 집과 땅을 팔아 교회의 가난한 사람들을 도왔던 적이 있었다. 분명 그들은 베드로의 석방을 위해서 그러한 일을 기꺼이 할 수도 있었다. 베드로를 석방시키는 일에 헤롯의 측근들에게 뇌물을 바치는 일을 할 수도 있었지만, 그들은 그렇게 하지 않았다.

여기 사도행전 12장에 보면, 헤롯과 두로와 시돈 사람들이 서로 불화하는 일이 일어났지만, 어떤 사람들이 왕의 침궁을 맡은 관원에게 뇌물을 써서 일을 무마시키는 것을 볼 수 있다. 따라서 예루살렘 교회도 그렇게 했더라면 충분히 베드로의 석방이 가능했을 것이다. 하지만 예루살렘 교회는 전혀 이런 방식을 쓰지 않았다. 그들은 다만 기도했다.

사랑하는 친구들이여, 기도가 예루살렘 교회가 사용할 수 있는 최상의 무기였음을 보기 바란다. 하나님의 자녀들에게 있어서 기도하는 것 보다 더 확실하고 강력한 무기는 없다. 하나님의 자녀는 기도를 통해서 하나님의 능력, 곧 전능하신 하나님의 능력을 소유하게 된다. 우리가 바라는 모든 일에 기도라는 도구를 사용해서 하나님의 전능한 힘을 사용하며, 우리가 소망하는 일을 이루도록 무한한 하나님의 지혜를 사용하는 것이다. 그때 하나님은 하나님의 자녀인 우리 편에 서서 일하시게 된다. 그러므로 우리는 지금까지 우리가 기도해온 것보다 더욱 기도하기를 힘써야 한다.

나의 사랑하는 그리스도인 친구들이여, 이러한 질문을 하고 싶다. 당신은 기도집회에 나올 때마다 과연 하나님의 손이 위대한 일을 행하실 것으로 기대하면서 나아오는가? 우리가 기도하는 것들을 주님이 기꺼이 이루어주실 줄로 믿고 주님이 이루실 놀라운 일들을 바라보면서 나아오고 있는가?

바로 이것이 예루살렘 교회가 한 일이었다. 그들은 간절히 하나님께 빌었다. 즉 그들은 헤롯이 베드로를 죽이려는 뜻으로 감옥에 가두었음을 알았지만, 이 헤롯이 참으로 악명이 높을 정도로 악한 사람임을 알았지만, 그럼에도 우리가 다 알고 있듯이, 하나님은 능히 이 피에 굶주린 헤롯의 손에서 베드로를 건지실 수 있는 분으로 믿었다. 그들은 하나님에게 능치 못할 일이 없음을 믿었기에, 그들은 간절히 하나님께 기도했던 것이다.

기도에 대한 응답을 기대하라

베드로가 얼마 동안 감옥에 갇혀 있게 될지는 모른다해도, 분명한 것은 베드로가 무교절 전에 체포되었기 때문에 금방 처형되지 않는다는 사실을 우리는 어느 정도는 알 수 있다. 그리고 며칠 후에는 베드로가 처형될 것이고, 따라서 베드로는 최소한 7일 정도는 감옥에 갇혀 있게 될 것이었다. 우리가 주목해야 하는 사실은 기도에 대한 응답이 기도한 첫째 날에 주어지지 않았다는 것이다. 예루살렘 교회는 모여서 기도했다. 간절히 기도했다. 그리고 하루가 지나가고, 그렇게 시간은 흘러갔다. 베드로는 여전히 감옥에 갇혀 있어야만 했다. 둘째 날에도 그들은 하나님이 기도에 응답해주시기를 기다렸다. 베드로는 둘째 날에도 석방되지 않았다. 그렇게 셋째 날, 넷째 날, 다섯째 날이 지나갔다. 그들은 계속해서 하나님이 기도에 응답해주시길 기다렸다. 기도는 계속해서 간절히 드려졌다. 그럼에도 베드로는 감옥에 갇혀 있다. 어쩌면 하나님이 기도에 응답해주신다는 전망이 전혀 없어 보였다.

사랑하는 친구들이여, 당신과 나는 기도에 대한 응답이 지연되는 것을 보면서 허탈한 마음을 가질 수가 있다. 과연 계속 기도해야 하는가 아니면 기도를 중단해야 하는가? 하는 질문이 계속해서 마음에 떠오른다. 기도를 중단하고 싶은 유혹이 오고, 모든 소망을 포기하고 싶은 마음이 든다. 어쩌면 당신은 "이것은 다 쓸데 없는 일이야. 우리는 이미 할 만큼 충분히 기도했어. 계속해서 기도하는 것은 시간 낭비일 뿐이야."라고 말할 지도 모른다. 이것은 그야말로 사탄이 우리 입에 넣어주는 말일 뿐이다. 하지만 이때에도 우리는 계속해서 인내를 가지고 기도하기를 중단해서는 안된다. 오히려 하나님은 능히 우리를 위해서 기도에 응답해주실 수 있으며, 기꺼이 응답해주시는 분이란 것을 확신해야 한다. 그리고 그리스도의 이름을 위해서 우리의 기도에 응답해주시며, 또한 하나님의 이름의 영광을 위하고, 또 우리의 선과 유익을 위한 일이라면 무엇이든지 응답해주시는 것이 하나님의 마음의 기쁨이며 즐거움이란 사실을 잊어서는 안된다. 만일 우리가 그렇게 인내하면서 기도한다면, 하나님은 우리 마음의 소원을 들어주실 것이다. 우리가 하나님의 자녀라는 사실 만큼 확실하게, 우리가 믿음으로 끈기 있게 기도한다면 기도는 반드시 응답된다. 따라서 여기 사도행전 12장에서, 성령님이 우리를 격려하기 위해서 기록한 기도에 대한 매우 귀한 교훈을 배우도록 하자.

"헤롯이 잡아내려고 하는 그 전날 밤에 베드로가 두 군사 틈에서 두 쇠사슬에 매여 누워 자는데 파수꾼들이 문 밖에서 옥을 지키더니"

베드로를 처형하고자 한 바로 그 전날 밤에 베드로는 누워 자고 있었다. 베드로는 그저 태연하게 아무 생각없이 누워 자고 있었다. 하지만 베드로는 주님의 품에 기대어 있었고,

또 예수님의 팔에 안긴 채 고요하고도 평안한 잠을 자고 있었다. 베드로는 두 쇠사슬에 묶여 있었고, 두 명의 군사가 순번을 정해서 순찰을 돌면서 감옥을 지키고 있었다.

기도를 응답하시는 하나님의 방식

 하지만 이제 하나님의 구원이 임했다. 우리는 여기서 하나님이 일하시는 방식을 본다.

"홀연히 주의 사자가 곁에 서매 옥중에 광채가 조요하며"

 우리는 어쩌면 베드로가 감옥을 탈출하는 일이 한 밤 중에 가능한 조용하게 진행되어야 한다고 말할 것이다. 하지만 빛이 감옥을 환히 밝혔다. 인간적으로 말해서, 이 일은 자던 군사들을 깨울만한 일이었다. 하지만 이것이 하나님이 일하는 방식이다. 하나님이 일하실 때는 불가능해 보이는 이 모든 일에도 불구하고, 반드시 자신의 뜻을 이루신다.

"베드로의 옆구리를 쳐 깨워 가로되 급히 일어나라."

천사가 베드로의 옆구리를 쳐서 깨우며 일어나게 했다. 이 일을 보면 천사가 베드로에게 말할 때 군사들이 깰지도 모르는데, 이에 대해선 아무런 염려도 하지 않는 것을 보게 된다. 베드로가 일어날 때 "쇠사슬이 그 손에서 벗어"졌다. 여전히 군사들이 깨는 것을 전혀 염려하지 않는 것을 볼 수 있다.

"천사가 가로되 띠를 띠고"

 서두를 필요가 전혀 없었다. 베드로는 서둘러 탈옥을 해야 하건만, 그럼에도 옷을 다 입을 시간 동안 여유 있게 기다리는 것을 볼 수 있다.

"신을 들메라 하거늘 베드로가 그대로 하니"

 사실 가장 이상한 일이 일어났다. 유대인들이 신는 나무 신발은 탈출용으로는 매우 거추장스러운 것이다. 우리는 어쩌면 "나무 샌달을 벗고 탈출하도록 해야 합니다. 따가닥 거리는 소리가 잠자는 군사들을 깨울 것이 뻔해요."라고 말할지도 모른다. 하지만 그럴 필요가 없었다. 지금 베드로를 구출하는 일을 하시는 분은 하나님이셨다. 하나님이 역사하실 때에는 두려워할 필요가 전혀 없다. 과연 누가 하나님을 막아 설 수 있단 말인가?

"천사가 또 가로되 겉옷을 입고 따라오라 한 대"

그래서 베드로는 신을 신었다. 그리고 천사는 그에게 "겉옷을 입고 따라오라"고 말했다. 베드로는 겉옷도 입었다. 이렇게 모든 일이 차례대로 진행되었다. 마치 헤롯이 사람을 보내어 베드로를 석방하도록 한 것처럼 일이 진행되었다. 베드로는 그저 조용히 하라는 대로 따라하기만 하면 되었다.

"이에 첫째와 둘째 파수를 지나"

감옥을 지키는 군사들의 눈은 기적적으로 감기어 있었다. 이제 천사와 베드로는 "성으로 통한 쇠문에 이르"렀다. 우리는 너무도 많은 경우 그러한 쇠문에 이르곤 한다. 베드로는 이제 막 감옥을 벗어나 마지막으로 파수하는 군사들을 피했다. 하지만 이제 베드로는 거대한 쇠로 만든 문에 봉착했다. 과연 베드로는 감옥을 탈출할 수 있을 것인가? 당신과 나에게 이러한 일들은 너무도 자주 일어난다. 모든 것이 잘 준비된 듯, 그렇게 어려움이 다 제거되었다. 그런데 결국 막판에 도무지 극복할 길이 없는 거대한 산과 같은 방해물이 떡 하니 앞을 가로 막고 있는 것이다.

우리는 과연 피할 수 있을 것인가? 물론이다! 감옥의 문이 저절로 열리듯 열어 주신 하나님은 당신과 나를 위해 쇠문도 능히 여실 수 있는 분이시다. 우리는 하나님에게서 모든 것을 기대할 수 있다. 하나님은 자신의 영광을 위하고 또 합력하여 우리에게 선을 이루고 또 우리의 유익을 위하는 일이기만 한다면, 그 일을 이루어주실 것이다.

하나님의 변함없는 능력

그렇다면 하나님은 오늘날에도 기적을 행하실 수 있을까? 물론이다. 1세기 초대교회 시대에 기적적인 일들을 일으키신 하나님은 오늘날에도 그렇게 하실 수 있다. "그런 일은 사도들의 시대에나 있었지 지금은 그런 일들을 기대할 수 없습니다"는 말은 하지 말자. 하나님은 항상 기적을 일으키지 않으신다는 것이 물론 사실이기는 하지만, 하나님이 원하시기만 한다면, 그리고 그 일이 하나님의 이름에 영광이 된다면 언제든지 기적은 일어날 수 있다. 만일 하나님이 기적을 일으키지 않으신다면, 그것은 하나님은 능히 기적을 일으킬 수 있으시지만 다만 평범한 방식으로 하나님의 뜻을 이루시기를 원하시기 때문이다. 하나님은 우리의 생각대로가 아니라 하나님의 방식대로 다양하게 자신의 뜻을 성취하신다.

 우리가 기대한 방식으로 일이 진행되지 않는다고 해서 낙심할 필요가 없다. 하나님은 예전과 마찬가지로 오늘날에도 동일한 능력을 가지고 계신다. 많은 그리스도인들이 자신들이 엘리야 시대나 혹은 엘리사 시대, 또는 사도들의 시대에 살았더라면, 그처럼 기적적인 일들을 많이 경험했을 텐데 하며 아쉬운 마음을 토로한다. 하지만 우리가 그러한 시대에 살지 않기 때문에 기적을 경험하지 못하는 것이 아니라, 사실은 우리가 기도에 대한 기적적인 응답을 기대하지 않기 때문에 경험하지 못하는 것이다.

 그러한 생각은 잘못이다. 기억하라. 하나님은 그 옛날 선지자들의 시대에나 사도들의 시대와 마찬가지로 오늘날에도 동일한 능력을 가지고 계신다. 그러므로 우리가 기도할 때 쏟아 부어질 어마어마한 축복을 바라보자. 그리스도 안에서 나의 사랑하는 친구들이여, 우리에게 허락하실 큰 축복을 기대하면서 기도하자.

"문이 절로 열리는지라 나와 한 거리를 지나매 천사가 곧 떠나더라."

 이 구절에서도 매우 중요한 영적인 진리가 담겨 있다. 즉 필요치 않을 때에는 하나님은 기적을 일으키지 않으신다는 것이다. 천사는 베드로를 감옥에서 꺼내오도록 보냄을 받았다. 그리고 이제 베드로는 거리에 나왔다. 그는 예루살렘의 모든 거리를 잘 알고 있었다. 그는 그곳에서 살았고, 그 동네를 잘 알고 있었다. 그러므로 더 이상 천사가 예루살렘 거리를 안내하며, 그가 갈 집으로 인도해줄 필요가 없어졌다. 따라서 베드로가 감옥을 벗어나 거리로 나오자마자, 더 이상 초자연적인 도움을 받을 필요가 없어진 것이다. 그래서 천사는 베드로를 곧 떠났다.

하나님이 베푸신 기적적인 역사

"이에 베드로가 정신이 나서 가로되 내가 이제야 참으로 주께서 그의 천사를 보내어 나를 헤롯의 손과 유대 백성의 모든 기대에서 벗어나게 하신 줄 알겠노라 하여"

처음에 베드로는 자신에게 일어난 일이 진짜인지 몰랐고 어쩌면 자신이 꿈을 꾸나 생각했다. 하지만 정신을 차리고 거리에 있는 자신을 보자마자, 하나님께서 자신에게 기적적인 일을 베푸신 사실을 알 수 있었다.

"깨닫고 마가라 하는 요한의 어머니 마리아의 집에 가니 여러 사람이 모여 기도하더라."

여기 "여러 사람이 모여 기도하더라"는 부분을 주목해보자. 무슨 목적으로 모여서 기도하고 있었는가? 의심의 여지 없이 베드로의 구출을 위해서 기도하고 있었다. 왜냐하면 교회는 베드로를 위해서 기도집회를 열고 간절히 기도했기 때문이다. 비록 베드로의 처형일 바로 전 날 밤이었지만, 그들은 결코 포기하지 않았다. 세상 사람의 눈에는 그것이 헛된 일로 보일 수 있지만, 그럼에도 그들은 함께 모여서 기도했다. 그러므로 그들은 시작도 잘했고, 중간 과정도 잘하고 있었다. 그렇게 그들은 응답이 올 때까지 끝까지 기도했던 것이다.

"베드로가 대문을 두드린대 로데라 하는 계집아이가 영접하러 나왔다가"

 계집아이의 이름이 나와 있다. 그 소녀의 이름은 로데였다. 왜 그런가? 이 구절이 기록된 후에 이런 사실의 진실성을 입증해줄 필요가 있었기 때문이다. 아마도 베드로에게 문을 열어준 소녀는 그 집에 살고 있었을 것이며, 이후에 이 일에 대한 사실성 여부를 증거해줄 증인이 되었을 것이다.

"베드로의 음성인 줄 알고 기뻐하여 문을 미처 열지 못하고 달려 들어가 말하되 베드로가 대문 밖에 섰더라 하니"

 여기서 우리는 매우 사실적인 기록을 볼 수 있다. 만일 우리가 로데라는 소녀였다면 어떻게 했겠는가? 그 소녀는 베드로의 음성을 듣고 베드로가 석방된 사실을 알게 되었다. 그녀는 이미 교회가 베드로의 석방을 위해서 기도하고 있는 것도 알았다. 그 소녀의 마음은 너무도 기뻐서 문을 열어줄 생각도 못하고, 기도하는 곳에 달려가 베드로가 문 밖에 서있다는 사실을 알렸다. 소녀는 문을 먼저 열어줄 생각을 못했다.

 그렇다면 이 소식을 들은 그리스도 안에서 사랑스러운 이 형제들의 입술에서, 그리고 그처럼 날마다 하나님을 바라보면서 기도했던 이 거룩한 사람들의 입술에서 무슨 말이 먼저 나올 것인지를 기대해볼 수 있다. 분명 그들의 입술에서 나온 것은 하나님을 찬미하고 높이는 것이었을 것이다.

하지만, 아아, 그들은 우리와 비슷한 사람들임을 나타내었다.

"저희가 말하되 네가 미쳤다 하나"

나는 특별히 이 구절을 통해서 여러분에게 보여주고 싶은 것이 있다. 그것은 우리는 다 그저 평범한 사람들일 뿐이라는 사실이다. 그들은 시작을 잘했고, 중간 과정도 잘해왔다. 그런데 마지막 부분에서는 전적으로 실패했다. 그들은 처음에는 믿음이 있었고 또 믿음을 사용해서 잘 진행해 왔지만, 마지막에는 믿음이 없었다.

사랑하는 친구들이여, 우리는 여기서 교훈을 받아야 한다. 그것은 우리가 반드시 피해야 하는 일이다. 시작은 상대적으로 쉽다. 그리고 하루 이틀, 한달 두달은 잘 해나간다. 하지만 끝까지 믿음으로 인내하는 것은 어렵다. 이 사실은 우리가 신발 끈을 풀기도 감당치 못할 만큼 위대한 초대교회 성도들에게도 마찬가지였다. 그들조차도 실패했다면 우리는 어떠하겠는가? 그들이 한 말이 무엇이었는가? "네가 미쳤다." 그들은 정말 이 일을 위해서 기도하고 있었다. 그런데 그에 대한 응답이 왔을 때, 그들이 고작 한 말이 그것이었다. 그들은 믿음으로 시작했고, 믿음으로 잘 감당해나갔다. 그들은 겉으로 보기엔 하나님을 바라보면서 계속 기도하는 듯 했지만, 실상은 기도에 대한 응답을 전혀 기대하지 않았다. 만일 그들이 계속해서 믿음 가운데 있었다면 그들이 베드로가 밖에 있다는 말을 들었을 때, 그들은 "하나님을 찬송하라. 그 거룩하신 이름에 영광을 돌릴지어다!"라고 말했을 것이다.

하지만 로데라는 소녀가 베드로가 감옥에서 풀려난 기쁜 소식을 그들에게 전했을 때 그들이 이 소녀에게 한 말은 그런 일은 불가능하다는 의미로 "네가 미쳤다"는 것이었다. 마치 그들에겐 조금의 믿음도 남아 있지 않은 것처럼 보였다.

응답이 올 것을 기대하면서 끝까지 기도하라

"계집아이는 힘써 말하되 참말이라 하니 저희가 말하되 그러면 그의 천사라 하더라 베드로가 문 두드리기를 그치지 아니하니 저희가 문을 열어 베드로를 보고 놀라는지라."

 그 당시 그들에게 믿음이 고갈되었다는 또 다른 증거는 그들이 베드로를 보고 놀랐다는데 있다. 진짜 믿음의 진가는 언제 나타나는가? 믿음으로 기도를 시작하고, 믿음으로 기도하기를 계속하며, 마침내 그에 대한 응답이 왔을 때 전혀 놀라지 않을 때에라야 진짜 믿음의 진가가 나타나는 것이다.

 예를 들어서, 여러분에게 사랑하는 아들이나 딸이 있는데 아직 회심하지 않아서, 그들을 위해서 오랫동안 기도해오고 있다고 해보자. 마침내 그들이 거듭나게 되었고 주님을 구주와 주님으로 영접했다. 당신이 진짜 믿음으로 기도해 왔는지 그렇지 않은지를 알 수 있는 시험은, 당신이 "주님을 찬양하라"고 말하면서 자기 자녀의 회심 소식을 받아들이느냐 그렇지 않느냐에 있다. 당신이 진정 기쁨으로 그 사실을 받아들인다면 당신은 계속해서 믿음 가운데 기도해온 것이다.

만일 내가 기도에 대한 응답을 기대하면서 기도해 왔다면, 응답이 왔을 때 우리는 그것을 당연한 일로 받아들일 것이다. 따라서 기도할 때 우리는 하나님이 우리를 축복하시고, 우리가 기도한 것에 대해 응답해주실 것을 확신해야 하며, 또한 기도에 대한 응답이 왔을 때, "우리는 그것을 당연한 일로 받아들입니다. 다른 것은 있을 수가 없습니다. 기도는 반드시 응답될 것입니다. 왜냐하면 하나님이 응답을 통해서 축복하실 것을 보증하셨기 때문입니다."라고 확신 있게 말할 수 있어야 한다.

"베드로가 저희에게 손짓하여 종용하게 하고 주께서 자기를 이끌어 옥에서 나오게 하던 일을 말하고 또 야고보와 형제들에게 이 말을 전하라 하고 떠나 다른 곳으로 가니라."

 이에 베드로는 하나님이 자신에게 베푸신 기적적인 일에 대해 간증했고, 예루살렘 교회의 기도집회는 이렇게 끝났다. 하나님을 찬송하자! 나는 이제 여러분이 진정 응답 받는 기도의 비밀을 가진 자들로 나타나기를 바란다. 아멘.

주님은 나에게 한 가지 진리를 가르쳐주셨는데, 지난 14년 동안 그 진리가 주는 유익을 한 번도 잃어본 적이 없다. …나는 모든 그리스도인들에게 이 사실을 깊이 생각해보고, 또한 직접 실천에 옮기도록 간절하고도 강력히 권하는 바이다.

조지 뮬러 영성의 비밀
"영혼을 먼저 살찌우라"

주님은 나에게 한 가지 진리를 가르쳐주셨는데, 지난 14년 동안 그 진리가 주는 유익을 한 번도 잃어본 적이 없다. 그 진리가 무엇인지 요점을 말씀드리자면, 우리가 날마다 마땅히 해야 하는 모든 일 가운데 첫 번째로 해야 하는 가장 중요한 일은 바로 주님 안에서 나의 영혼이 만족을 얻는 것이라는 사실이다.

나는 그 진리를 그 어느 때보다 더 분명히 보게 되었다. 우리가 반드시 생각해야 할 중요한 사항은 '내가 주님을 얼마나 섬기고 있는가?', 혹은 '내가 얼마나 주님을 영화롭게 하고 있는가?' 하는 것이 아니라, '나의 영혼은 과연 행복한 상태에 있는가?', 또는 '나의 속 사람은 얼마나 강건한 상태에 있는가?' 하는 것이다.

이러한 진리를 발견하기 이전에 나는 진리를 찾아 갈구하였고, 신자들의 유익을 구하였으며, 낙심 가운데 있는 자들을 위로하려고 하는 등 여러 가지 방법으로 신령한 그리스도인이 된 것처럼 행동하려고 했다. 하지만 그럼에도 나에게는 주님 안에서의 평안이 없었고, 나의 영혼은 메말랐으며, 나의 속사람은 날마다 힘을 얻지 못했다. 이 모두는 나의 영혼이 합당한 상태에 있지 않았기 때문이었다.

지금까지 나는, 최소한 10년 이상 아침에 일어나서 바로 기도하는 습관이 있었다. 그러나 이제 나는 내가 해야 하는 가장 중요한 일이 하나님의 말씀을 읽는 일과 그것을 묵상하는 일에 자신을 드리는 것임을 알게 되었다. 그리고 이를 통해 나의 마음은 위로와 격려, 그리고 훈계와 책망과 교훈을 받게 되었다. 그 결과 하나님의 말씀을 묵상하면서 나는 주님과의 체험적인 교통을 갖게 되었다.

그래서 나는 아침 일찍이 일어나 처음에 신약성경부터 묵상하기 시작했다. 주님의 귀하신 말씀 위에 축복해주시기를 기도한 후에, 내가 처음 한 일은 하나님의 말씀을 묵상하는 것이었다. 나는 모든 구절을 하나하나 상고하면서 그 구절들로부터 영적인 축복을 얻고자 했다. 하나님의 말씀을 묵상하는 이 일은 공적인 말씀 사역을 위한 것도 아니었고, 지금까지 설교준비를 위해서 말씀을 묵상해온 방식을 따라서 한 것도 아니었다. 그것은 다만 내 자신의 영혼의 양식을 얻기 위한 것이었다.

계속해서 이렇게 말씀을 대한 결과로, 나의 영혼이 자백과 감사와 중보와 간구하는 심령으로 가득하게 되며, 비록 예전처럼 기도로 시작하지 않고 묵상으로 시작했지만, 그러한 묵상이 이내 기도로 이어지게 된다는 사실을 발견하게 되었다. 잠시 동안 자백, 중보나 간구, 또는 감사를 드린 후에 다음 말씀, 혹은 다음 구절로 넘어갔는데, 이와 같이 계속해서 성경을 읽어가면서 말씀이 인도하는 대로 내 자신과 다른 사람들을 위한 기도를 하게 되었다. 그러나 여전히 말씀 묵상의 목적은 내 자신의 영혼을 위한 양식을 얻는 것이었다.

 이렇게 한 결과, 항상 자백과 감사와 간구와 중보가 묵상과 함께 어우러졌으며, 또한 내 속사람은 거의 변함없이 영양을 섭취하게 되어 놀랄 정도로 힘을 얻게 되었다. 그리고 마음이 불편한 때라도 거의 예외 없이 아침시간부터 주님의 평안을 누릴 수 있었다. 또한 주님께서도 나와 교통하는 것을 기뻐하셨으므로, 공적인 말씀 사역을 위한 말씀 묵상이 아니라 내 자신의 속사람을 살찌우기 위한 목적이었음에도, 결국에는 다른 성도를 위한 양식이 되는 것을 경험하게 되었다.

따라서 전의 경험과 현재의 경험과의 차이는 이것이다. 전에는 일어나자마자 가능한 빨리 기도하려고 했으며, 아침식사를 하기 전까지 계속해서 기도에 전념하려고 했다. 다른 어떤 때보다도 나의 영혼이 심하게 황폐되어 있던 때를 빼고는 늘 기도로 시작했으며, 다만 내 영혼의 양식과 회

복, 속사람이 부흥되고 새로워질 필요가 있을 때에만 기도하기 전에 하나님의 말씀을 읽었던 것이다. 하지만 그 결과는 어떠했을까?

 나는 종종 영혼의 위로와 격려와 겸손의 필요 등을 깨닫기도 전에 무릎을 꿇은 채 15분이나 30분, 혹은 한 시간 가량을 허비했던 것이다. 그 시간 동안 산란한 마음으로 많은 고통을 겪은 후에야 겨우 기도하기 시작했다. 그러나 이제는 이런 식으로 고통을 당하는 데서 완전히 해방되었다. 내 마음은 먼저 진리의 말씀으로 꼴을 얻고, 하나님의 귀하신 말씀을 통해 내게 비추어주신 것들에 대해, 그분과의 체험적인 교제 가운데서 나의 아버지와 또한 친구되신(물론 나는 그만한 가치가 없는 사람이지만) 주님께 하나하나 말씀을 드린다.

 이토록 귀한 것을 왜 진작 발견하지 못했는지 지금도 의아스러울 따름이다. 나는 이 사실에 대해 책에서 읽어본 일이 없었다. 이러한 말씀 묵상에 대해 누군가 설교하는 것도 들어본 적이 없었다. 또한 이러한 일을 소개하고 격려하는 교제를 나누는 어떤 형제도 만나본 적이 없었다. 그러나 하나님께서 내게, 하나님의 자녀로서 속사람을 위한 양식을 얻기 위해 매일 아침마다 마땅히 해야 하는 첫 번째 일이 말씀 묵상이라는 사실을 가르쳐주셨기 때문에, 이제 이 일은 다른 일들처럼 너무나도 일상적인 일이 되었다.

우리의 겉사람이 음식을 먹지 않으면 조금도 일할 수 없는 것처럼, 우리 속사람도 마찬가지이다. 따라서 말씀 묵상은 우리 속사람의 양식을 얻기 위해 매일 아침 처음으로 해야 하는 일이다. 모든 사람이 음식을 먹는 것처럼 우리도 속사람을 위해 음식을 섭취해야 하는 것이다. 그렇다면 속사람을 위한 음식은 무엇일까? 그것은 기도가 아니라 하나님의 말씀이다.

그러나 다시 한번 말씀드리지만, 이 일은 단순히 성경을 읽는 것만을 뜻하지 않는다. 그렇게 하면 하나님의 말씀은 물이 배수로를 따라 흘러가듯 우리 생각을 스쳐 지나갈 뿐이다. 우리가 읽은 하나님의 말씀을 숙고하고 깊이 묵상하면서 우리 마음에 적용하도록 해야 한다. 기도할 때 우리는 하나님께 진솔하게 말씀드려야 한다. 이제 기도는 정해진 어떤 형식을 따르기보다는 어떤 필요, 곧 경건의 능력이나 경건한 열망을 위해, 그리고 하나님을 기쁘시게 할 좋은 시기를 얻기 위해 어느 정해진 시간 동안 하나님께 아뢰는 것이다. 그러므로 이러한 영혼의 습관이 가장 효과적으로 수행되려면, 속사람이 하나님의 말씀을 묵상한 결과로 풍성한 꼴을 얻은 다음에 이루어져야 한다. 말씀 묵상을 통해 우리 아버지 하나님께서 우리에게 말씀하시고 격려하시며, 우리를 위로하시고 교훈하시며, 또 우리를 겸손케 하시며 책망하시는 것을 경험한 후에 기도가 이루어져야 하는 것이다.

비록 우리는 영적으로 연약하지만 하나님께서 축복해주심으로써 우리 영혼의 유익을 위한 묵상을 할 수 있으며, 뿐만 아니라 우리가 연약하면 연약할 수록 더욱 우리 속사람의 강건함을 위해 말씀 묵상의 필요를 절감하게 된다. 따라서 우리가 묵상을 위한 충분한 시간을 가지기도 전에 기도에 들어가게 되면 우리의 마음은 방황하게 될 염려가 있다. 내가 경험한바 말씀 묵상을 통해 얻게 되는 영적인 유익과 영혼의 소생함이 너무도 크고 크기 때문에 나는 이 사실을 더욱 강조하고 싶다.

 그러므로 나는 모든 그리스도인들에게 이 사실을 깊이 생각해보고, 또한 직접 실천에 옮기도록 간절하고도 강력히 권하는 바이다. 전에 나에게 여러 가지 모양으로 찾아왔던 크고 작은 고난 속에서도 하나님의 은혜로, 또한 하나님의 축복하심으로 그분의 도우심과 힘을 얻어 평안을 누릴 수 있었던 것도 이렇게 말씀을 묵상한 결과였다. 앞서 말씀드린 대로 14년 동안 직접 내가 경험해본 결과, 나는 하나님을 경외하는 마음으로 이것을 확신있게 권하는 바이다.

 이에 한 가지 덧붙이자면, 나는 가정기도회를 마치고 나서 일상적으로 하나님의 말씀을 많이 읽곤 했다. 성경전체를 계속해서 정기적으로 읽었으며, 때로는 신약을 읽기도 하고, 또 구약을 읽기도 했는데, 나의 생애 26년 이상을 통해 하나님의 말씀이 참으로 복되다는 사실을 증거할 수가 있다. 나는 또한 정해진 시간뿐만 아니라 하루 중 아무 때라도 성경을 읽었으며, 특별히 기도하는 시간을 많이 가졌다.

그러므로 하나님의 말씀을 묵상함으로써 우리 영혼이 이른 아침부터 상쾌하게 되고 행복감으로 가득해지는 것과, 이와 같은 영적인 준비도 없이 매일의 삶에 임하여 섬기거나 고난을 당하거나 시험을 겪게 되는 것은 실로 엄청난 차이가 나게 된다.

주님이 우리 모두를 도우셔서 이러한 말씀 묵상의 복락을 누릴 수 있기를 빈다. 아멘.

지은이 소개

조지 뮬러(George Muller, 1806-1898)

 조지 뮬러는 '5만 번 이상 기도 응답을 받은 사람', '기도만 하면 하나님이 모두 들어주신 사람', '브리스톨 고아들의 아버지'로 잘 알려진 독일 태생의 영국의 목회자이다. 또한 그는 플리머스 형제교회(Plymouth Brethren)의 중요한 리더 가운데 한 사람으로 그리스도인의 영적 생활 가운데 기도생활과 관련해서 빼놓을 수 없는 영적 거인이다.

조지 뮬러는 처음에는 작은 주택을 빌려 30명의 고아들로 고아원 사역을 시작했다. 그러나 그 수가 늘어나 애슐리다운에 고아원을 건축하기 시작하여 다섯 번째 고아원을 건축하기까지 무려 1만 여명의 고아들을 보살폈다. 또한 성경을 배포하고 선교사들을 기도와 물질로 후원하는 사역을 지속적으로 펼쳐나갔다.

말년에는 선교여행을 통해 42개국 300만 명 이상에게 복음을 전했다. 조지 뮬러는 교파를 초월하여 주님을 사랑하는 자를 사랑하였고, 그를 초청하는 어느 곳에나 주님의 은혜를 끼쳤다. 그의 메시지는 지극히 단순했으며, 사람의 지혜로 하지 아니하고, 다만 성령의 나타남과 능력에 의지했다.

1898년 3월 10일 이른 아침에 그는 지상에서의 수고를 그치고 만왕의 왕을 뵙기 위해 급히 떠났다. 전날 저녁에도 일상 업무에 분주했고 평상시와 같이 기도회에 참석하였던 그가 눈깜짝할 사이에 아무런 고통도 모른 채 부르심을 받았던 것이다.

조지 뮬러의 사역은 그의 사위 제임스 라이트에게 계승되었고, 이어서 그의 뜻을 잇는 후계자들에 의해 지금까지 지속되고 있다.

형제들의 집 도서 안내

1. 조지 뮐러 영성의 비밀
   조지 뮐러 지음/이종수 옮김/값 1,000원
2. 수백만을 감동시킨 사람을 감동시킨 바로 그 사람: 헨리 무어하우스
   존 A. 비올리 지음/이종수 옮김/값 1,000원
3. 내 영혼의 만족의 노래
   W.T.P 윌스톤 지음/이종수 옮김/값 1,000원
4. 모든 일을 하나님의 영광을 위하여 하라
   해리 아이언사이드 지음/이종수 옮김/값 1,000원
5. 잃어버린 영혼을 위해서 어떻게 기도해야 하는가
   오스왈드 샌더스, 찰스 스펄전 지음/이종수 옮김/값 1,000원
6. 윌리암 켈리의 로마서 복음의 진수
   윌리암 켈리 지음/이종수 옮김/값 5,000원
7. 이것이 거듭남이다[개정판]
   알프레드 깁스 지음/이종수 옮김/값 9,000원
8. 존 넬슨 다비의 영성있는 복음
   존 넬슨 다비 지음/이종수 옮김/값 5,000원
9. 로버트 클리버 채프만의 사랑의 영성
   로버트 C. 채프만 지음/이종수 옮김/값 5,000원
10. 영성을 깊게 하는 레위기 묵상
    C.H. 매킨토시 외 지음/이종수 옮김/값 5,000원
11. 존 넬슨 다비의 성경주석: 빌립보서
    존 넬슨 다비 지음/이종수 옮김/값 5,000원
12. 존 넬슨 다비의 히브리서 묵상[개정판]
    존 넬슨 다비 지음/정병은 옮김/값 11,000원
13. 조지 커팅의 영적 자유
    조지 커팅 지음/이종수 옮김/값 4,000원
14. 윌리암 켈리의 해방의 체험
    윌리암 켈리 지음/이종수 옮김/값 3,000원
15. 존 넬슨 다비의 성경주석: 골로새서[개정판]
    존 넬슨 다비 지음/이종수 옮김/값 8,000원
16. 구원 얻는 기도
    이종수 지음/값 5,000원
17. 영혼의 성화
    프랭크 빈포드 호올 지음/이종수 옮김/값 1,000원
18. 당신은 진짜 거듭났는가?
    아더 핑크 지음/박선희 옮김/값 4,500원
19. C.H. 매킨토시의 완전한 구원[개정판]
    C.H. 매킨토시 지음/이종수 옮김/값 5,500원
20. 존 넬슨 다비의 하나님의 뜻을 분별하는 법
    존 넬슨 다비 지음/이종수 옮김/값 1,000원
21. 존 넬슨 다비의 성경주석: 요한계시록
    존 넬슨 다비 지음/이종수 옮김/값 10,000원
22. 주 안에 거하라
    해밀턴 스미스, 허드슨 테일러 지음/이종수 옮김/값 1,000원

23. C.H. 매킨토시의 하나님의 선물
C.H. 매킨토시 지음/이종수 옮김/값 4,000원
24. 존 넬슨 다비의 성경주석: 에베소서
존 넬슨 다비 지음/이종수 옮김/값 8,000원
25. 존 넬슨 다비의 영적 해방
존 넬슨 다비 지음/문영권 옮김/값 7,000원
26. 건강하고 행복한 그리스도인이 되는 법
어거스트 반 린, J. 드와이트 펜테코스트 지음/ 값 1,000원
27. 존 넬슨 다비의 성경주석: 로마서
존 넬슨 다비 지음/문영권 옮김/값 12,000원
28. 존 넬슨 다비의 성화의 길
존 넬슨 다비 지음/이종수 옮김/값 4,500원
29. 기독교 신앙에 회의적인 사랑하는 나의 친구에게
로버트 A. 래이드로 지음/박선희 옮김/값 5,000원
30. 이수원 선교사 이야기
더글라스 나이스웬더 지음/이종수 옮김/값 5,000원
31. 체험을 위한 성령의 내주, 그리고 충만
조지 커팅 지음/이종수 옮김/값 4,500원
32. 존 넬슨 다비의 성경주석: 갈라디아서
존 넬슨 다비 지음/이종수 옮김/값 4,800원
33. 존 넬슨 다비의 성경주석: 요한서신서 · 유다서
존 넬슨 다비 지음/문영권 옮김/값 8,000원
34. 존 넬슨 다비의 성경주석: 데살로니가전 · 후서
존 넬슨 다비 지음/이종수 옮김/값 8,000원
35. 그리스도와의 연합과 구원(성경공부교재)
문영권 지음/값 2,500원
36. 그리스도와의 연합과 성화(성경공부교재)
문영권 지음/값 3,000원
37. 사도라 불린 영적 거장들
이종수 지음/값 7,000원
38. 당신은 진짜 하나님을 신뢰하는가(개정판)
조지 뮬러 지음/ 이종수 옮김/값 5,500원
39. 그리스도와 연합된 천상적 교회가 가진 영광스러운 교회의 소망
존 넬슨 다비 지음/ 문영권 옮김/ 값 13,000원
40. 가나안 영적 전쟁과 하나님의 전신갑주
존 넬슨 다비 지음/ 이종수 옮김/ 값 2,000원
41. 죄 사함, 칭의 그리고 성화의 진리
고든 헨리 해이호우 지음/ 이종수 옮김/ 값 2,000원
42. 하나님을 찾는 지성인, 이것이 궁금하다!
김종만 지음/ 값 10,000원
43. 이것이 그리스도의 심판대이다
이종수 엮음/ 값 8,000원
44. 존 넬슨 다비의 성경주석: 마태복음
존 넬슨 다비 지음/이종수 옮김/값 16,000원

45. C.H. 매킨토시의 하나님에 관한 진실
C.H. 매킨토시 지음/이종수 옮김/값 1,000원

46. 존 넬슨 다비의 성경주석: 여호수아
존 넬슨 다비 지음/문영권 옮김/값 8,000원

47. 찰스 스탠리의 당신의 남편은 누구인가
찰스 스탠리 지음/이종수 옮김/값 4,000원

48. 존 넬슨 다비의 성령론
존 넬슨 다비 지음/이종수 옮김/값 13,000원

49. 존 넬슨 다비의 영적 해방의 실제
존 넬슨 다비 지음/이종수 옮김/값 5,000원

50. 존 넬슨 다비의 주요사상연구: 다비와 친구되기
문영권 지음/값 5,000원

51. 존 넬슨 다비의 죽음 이후 영혼의 상태
존 넬슨 다비 지음/이종수 옮김/값 5,000원

52. 신학자 존 넬슨 다비 평전
이종수 지음/ 값 7,000원

53. 존 넬슨 다비의 요한복음 묵상
존 넬슨 다비 지음/이종수 옮김/값 8,000원

54. 프레드릭 W. 그랜트의 영적 해방이란 무엇인가
프레드릭 W. 그랜트 지음/이종수 옮김/값 4,500원

55. 홍해와 요단강을 통해서 나타난 하나님의 구원
윌리암 켈리 지음 / 이종수 옮김/ 값 4,800원

56. 그리스도와의 연합을 위한 성령의 역사
윌리암 켈리 지음/ 이종수 옮김/ 값 19,000원

57. 누가, 그리스도인인가?
시드니 롱 제이콥 지음 / 박영민 옮김/ 값 7,000원

58. 선교사가 결코 쓰지 않은 편지
프레드릭 L. 코신 지음 / 이종수 옮김/ 값 9,000원

59. 사랑의 영성으로 성자의 삶을 살다간 로버트 채프만
프랭크 홈즈 지음 / 이종수 옮김/ 값 8,500원

60. 므비보셋, 룻, 그리고 욥 이야기
찰스 스탠리 지음 / 이종수 옮김/ 값 7,500원

61. 구원의 근본 진리
에드워드 데넷 지음 / 이종수 옮김/ 값 6,500원

62. 회복된 진리, 6+1
에드워드 데넷 지음 / 이종수 옮김/ 값 6,000원

63. 당신의 상상보다 더 큰 구원
프랭크 빈포드 호올 지음/ 이종수 옮김/ 값 6,500원

64. 뿌리 깊은 영성의 그리스도인으로 사는 법
찰스 앤드류 코우츠 지음 / 이종수 옮김/ 값 9,000원

65. 천국의 비밀 : 천국, 하나님 나라, 그리고 교회의 차이
프레드릭 W. 그랜트 & 아달펠트 P. 세실 지음/이종수 옮김/ 값 7,000원

66. 존 넬슨 다비의 성경주석: 베드로전 · 후서
존 넬슨 다비 지음/장세학 옮김/ 값 7,500원

67. 존 넬슨 다비의 영광스러운 구원
　　　　　　　　　　　　　　　　존 넬슨 다비 지음/이종수 엮음/ 값 15,000원
68. 어린양의 신부
　　　　　　　　W.T.P. 월스톤 & 해밀턴 스미스 지음/ 박선희 옮김/ 값 10,000원
69. 성경에서 말하는 회심
　　　　　　　　　　　　　　　　C.H. 매킨토시 지음/ 이종수 옮김/ 값 6,000원
70. 십자가에서 천년통치에 이르는 그리스도의 길
　　　　　　　　　　　　　　　　존 R. 칼드웰 지음/ 이종수 옮김/ 값 7,500원
71. 그리스도와의 연합이란 무엇인가?
　　　　　　　　　　　　　　　　에드워드 데넷 지음/ 이종수 옮김/ 값 9,000원
72. 하늘의 부르심 vs. 교회의 부르심
　　　　　　　　　　　　　　　　존 기포드 벨렛 지음/ 이종수 옮김/ 값 16,000원
73. 당신은 진짜 새로운 피조물인가
　　　　　　　　　　　　　　　　존 넬슨 다비 외 지음/ 이종수 옮김/ 값 12,000원
74. 플리머스 형제단 이야기
　　　　　　　　　　　　　　　　앤드류 밀러 지음/ 이종수 옮김/ 값 14,000원
75. 바울의 복음, 그리스도의 영광의 복음
　　　　　　　　　　　　　　　　존 기포드 벨렛 지음/ 이종수 옮김/ 값 9,000원
76. 악과 고통, 그리고 시련의 문제
　　　　　　　　　　　　　　　　　　　　　　　　이종수 지음/ 값 9,000원
77. 요한계시록 일곱 교회를 향한 예언 메시지
　　　　　　　　　　　　　　　　존 넬슨 다비 지음/이종수 옮김/ 값 18,000원
78. 영광스러운 구원, 어떻게 받는가
　　　　　　　　　　　　　　　　존 넬슨 다비 지음/이종수 엮음/ 값 13,000원
79. 영광스러운 교회의 길
　　　　　　　　　　　　　　　　존 넬슨 다비 지음/이종수 엮음/ 값 22,000원
80. 성경을 아는 지식
　　　　　　　　　　　　　　　　존 넬슨 다비 지음/이종수 엮음/ 값 18,500원
81. 십자가의 도
　　　　　　　　　　　　　　　　존 넬슨 다비 지음/이종수 엮음/ 값 13,500원
82. 존 넬슨 다비의 성경주석: 고린도전후서
　　　　　　　　　　　　　　　　존 넬슨 다비 지음/이종수 옮김/값 18,500원

Originally published under the title of
"God Can Be Trusted" by George Muller
Copyright© Christian Focus Publications Ltd.
Geanies House, Fearn, Ross-shire, IV20 1TW,
Scotland, Great Britain

Korean translation copyright
© 2011 by Brethren House, Korea
All rights reserved

조지 뮬러의
당신은 진짜 하나님을 신뢰하는가?

ⓒ형제들의 집 2011

초판 발행 • 2011.3.22
제2판 발행 • 2017.4.3
지은이 • 조지 뮬러
옮긴이 • 이 종 수
발행처 • 형제들의집
판권ⓒ형제들의집 2011
등록 제 7-313호(2006.2.6)
Cell. 010-9317-9103
홈페이지 http://www.brethrenhouse.co.kr
E-mail: asharp@empas.com
ISBN 978-89-93141-87-0 03230

＊값은 뒤표지에 있습니다.
＊잘못된 책은 바꿔드립니다.
＊서점공급처는 〈생명의말씀사〉입니다. 전화(02) 3159-7979(영업부)